BEI GRIN MACHT SICH IHR WISSEN BEZAHLT

- Wir veröffentlichen Ihre Hausarbeit, Bachelor- und Masterarbeit

- Ihr eigenes eBook und Buch - weltweit in allen wichtigen Shops

- Verdienen Sie an jedem Verkauf

Jetzt bei www.GRIN.com hochladen und kostenlos publizieren

Determination in Freuds Liebeskonzeption. Lässt sich - ausgehend von Sigmund Freuds Liebesbegriff - eine Determination in dessen Trieblehre feststellen?

Ann-Sophie Schnitzler

Bibliografische Information der Deutschen Nationalbibliothek:

Die Deutsche Nationalbibliothek verzeichnet diese Publikation in der Deutschen Nationalbibliografie; detaillierte bibliografische Daten sind im Internet über http://dnb.d-nb.de abrufbar.

ISBN: 9783346579140
Dieses Buch ist auch als E-Book erhältlich.

Druck und Bindung: Books on Demand GmbH, Norderstedt Germany
Gedruckt auf säurefreiem Papier aus verantwortungsvollen Quellen

Das vorliegende Werk wurde sorgfältig erarbeitet. Dennoch übernehmen Autoren und Verlag für die Richtigkeit von Angaben, Hinweisen, Links und Ratschlägen sowie eventuelle Druckfehler keine Haftung.

Das Buch bei GRIN: https://www.grin.com/document/1169050

Technische Universität Dresden
Fakultät Philosophie
Institut für Philosophie
Proseminar „Eros, Philia, Agape: Die Liebe in der Philosophie"
Wintersemester 2018/19

Seminararbeit

Lässt sich - ausgehend von Sigmund Freuds Liebesbegriff - eine Determination in dessen Trieblehre feststellen?

Vorgelegt von:	Schnitzler, Ann-Sophie
Studiengang:	Lehramt an Grundschulen (Ethik/Philosophie)
Datum:	14. März 2019

Inhaltsverzeichnis

1. Einleitung

„Als nun so ihre ursprüngliche Gestalt in zwei Teile gespalten war, ward jede Hälfte von Sehnsucht zur Vereinigung mit der anderen getrieben [...]."[1]

Worin liegt der Ursprung der Liebe? Diese Frage wurde in der Philosophie bereits von Platon in der hier angeführten Theorie der Kugelmenschen aufgegriffen und im Verlauf der Zeit vielfach diskutiert. Nicht selten wurde sein Konzept, das er in seinem als Dialog verfassten Werk „Das Gastmahl" (lat. *Symposium*) darlegte, weiterführend verwendet. Es wurde zum Beispiel von dem Begründer der Psychoanalyse Sigmund Freund (geb. 1856, gest. 1939)[2] aufgegriffen, der zu den einflussreichsten Denkern des 20. Jahrhunderts zählt und dessen umfassendes Schaffen in Form zahlreicher Theorien und Schriften bis heute stark diskutiert wird. Besonders seine Psychologie des Unbewussten wurde vielfach kritisiert, da sich darin wesentlich häufiger mythische Referenzen als in seinen anderen Werken finden lassen.[3] Bei der Beantwortung der Frage nach der Liebe sind nach Freud die Triebe des Menschen essenziell beteiligt. Vom Trieb selbst sprach er als „[...] mythische[s] Wesen, großartig in [seiner] Unbestimmtheit."[4] Freuds Lehre ist eine sogenannte Konfliktlehre, deren Auseinandersetzungen nicht nur den Trieb behandeln, sondern ebenso Diskrepanzen zwischen Individuum und Gesellschaft, Natur und Kultur sowie Eros und Thanatos zum Thema haben.[5] Freud thematisierte sie unter anderem in seinem Werk „Das Ich und das Es - metapsychologische Schriften", das vorrangig als Primärquelle für diese Arbeit herangezogen wird.

Diese Arbeit untersucht den Liebesbegriff in der Freud'schen Trieblehre und hat die Diskussion der Fragestellung „Lässt sich - ausgehend von Sigmund Freuds Liebesbegriff - eine Determination in dessen Trieblehre feststellen?" als Schwerpunkt. Dabei wird auf den Begriff des Triebes und die Abgrenzung zum Reiz eingegangen, bevor eine Abhandlung über Freuds Verständnis der Liebe vorgenommen wird. Darauf folgend wird anhand verschiedener Argumente und Sichtweisen diskutiert, inwieweit sein Konzept der Triebe eine Determination zur Folge hat und die Kontrolle des eigenen Handels und Denken nicht beim Individuum selbst liegt, sondern durch andere Kräfte bestimmt wird.

---

[1] APELT, Otto (Hrsg.); Platon (1993): Sämtliche Dialoge. Bd. 3. Hamburg: Meiner Verlag. S. 28.
[2] Vgl. LOHMANN, Hans Martin (1991): Freud zur Einführung. Hamburg: Junius-Verlag. S. 121-124.
[3] Vgl. ebd. S. 94f.
[4] FREUD, Anna; BIBRING, Ernst; KRIS, Erik; ISAKOWER, Otto (Hrsg.) (2001): Sigmund Freud. Gesammelte Werke in achtzehn Bänden. Bd. 15. Frankfurt am Main: Fischer Taschenbuch Verlag. S. 101.
[5] Vgl. LOHMANN 1991, S. 12.

2. Eine Betrachtung des Triebbegriffes

2.1 Der Triebbegriff - eine Definition

Um Freuds Trieblehre analysieren zu können, muss eine weitgehend genaue Definition im Sinne des Philosophen vorgenommen werden. Grundlegend für diese präzise Erläuterung Freuds bekannter Theorie sind die drei psychischen Strukturen, die dem Menschen innewohnen: das Ich, dem die zentrale Rolle der Selbsterhaltung zukommt, das Über-Ich, dem die Kontrolle des Ichs obliegt, und das Es, die entscheidende Instanz für die Betrachtung der Triebe. Letzteres steht nicht nur für das Erbgut des Menschen und seine dahingehende Konditionierung, sondern umfasst ebenso die Triebe, deren Ursprung in der Körperorganisation zu sehen ist. Des Weiteren ist unter dem Es nach Freud der Ausdruck der Lebensabsicht des Individuums zu verstehen. Die Kräfte, die mit den damit verbundenen Spannungen in Folge der Bedürfnisse einhergehen, werden von ihm Triebe genannt.[6]

Der Begriff des Triebes ist in enger Verwandtschaft zum Reiz zu sehen, denn nach Sigmund Freud wird der Trieb diesem untergeordnet. Ein Reiz bezeichnet eine Einwirkung auf eine Nervensubstanz, die eine nach außen wirkende Aktion zur Folge hat. Dabei steht das Ziel im Vordergrund, sich dem Bereich des wirkenden Reizes zu entziehen. Der Trieb bezeichnet eine spezielle Form des Reizes, die sich vor allem darin auszeichnet, dass „der Triebreiz nicht aus der Außenwelt [stammt], sondern aus dem Innern des Organismus selbst."[7] Ein weiterer, daraus resultierender Unterschied zur allgemeinen Definition des Reizes liegt darin, dass ein Trieb als konstante Kraft zu verstehen ist, deren Wirkungsbereich das Individuum nicht entfliehen kann. Begrifflich lässt sich der Terminus mit dem sogenannten „Bedürfnis" gleichsetzen, das eine Befriedigung durch eine zielgerichtete Veränderung der inneren Reizquelle verlangt. Diese Aufgabe schreibt Freud dem Nervensystem zu, das im Fall des Triebes dazu veranlasst wird, komplexere Tätigkeiten vorzunehmen, um die Außenwelt entsprechend zu verändern.[8] Als bedeutsames Merkmal wird den Trieben von Freud zwar eine qualitative Gleichartigkeit zugesprochen, jedoch gleichzeitig eine Heterogenität aufgrund der verschiedenen Triebquellen, auf die im Folgenden eingegangen wird.

---

[6] Vgl. PLEGER, Wolfgang H. (2013): Handbuch der Anthropologie. Die wichtigsten Konzepte von Homer bis Sartre. Darmstadt: Wissenschaftliche Buchgesellschaft. S. 173ff.
[7] FREUD, Sigmund (1992): Das Ich und das Es. Metapsychologische Schriften. Frankfurt am Main: Fischer-Taschenbuch-Verlag. S. 82.
[8] Vgl. FREUD 1992. S. 82ff.

2.2 Die Entwicklung der verschiedenen Triebe bei Freud

Wie Freud selbst feststellte, unterliegt die Differenzierung der Triebe einer gewissen Willkür. Er begründete seine Einteilung anhand seiner klinischen Beobachtungen und Untersuchungen von psychischen Krankheiten, wobei sie im Verlauf seines Schaffens mehrere Phasen durchlief. Grundlegend für seine Differenzierung sind die sogenannten Urtriebe, die im Gegensatz zu den breit gefächerten Triebmotiven nicht weiter zerlegbar sind. Dabei unterscheidet Sigmund Freud die Ich- bzw. Selbsterhaltungstriebe und die Sexualtriebe, die ersteren gegenüber stehen. Nach Freud ist die Ursache für jegliche Affektionen wie Hysterie in einem Interessenkonflikt beider Urtriebe zu sehen.[9] Dass Sigmund Freud den Sexualtrieb als Ursache für Erkrankungen deklarierte, bewirkte seine Ausgrenzung in Wissenschaft und Gesellschaft, wobei jedoch angemerkt werden muss, dass Sexualität von ihm nicht allein auf den Geschlechtsverkehr bezogen wird, sondern eher im Sinne einer besonderen Form eines Wunsches zu verstehen sei, die in zahlreichen Tätigkeiten des Menschen auftritt.[10]

Freud führte seine klinischen Untersuchungen fort, indem er beispielsweise Krankheiten wie Schizophrenie einbezog, was eine Entwicklung seiner Trieblehre im grundständigen Zustand notwendig machte. Es folgte die Einführung einer Ichlibido, da sich manche Krankheitsprozesse nur erklären lassen, wenn auch eine zum Ich gewandte Libido möglich ist und nicht ausschließlich eine auf Objekten beruhende. Das Ich wird dabei zum Gegenstand der Liebe und wie es in dem Prozess des Verliebtseins bzw. Liebens typisch ist, wird die Objektlibido zunehmend gesteigert, während jene zum Ich geradezu verarmt. Freud sieht zwischen den beiden Trieben einen engen Zusammenhang, der von dem österreichischen Philosophen mit der sexuellen Bedeutung versehen wird, da sie seines Erachtens nach in beiden Formen der Libido präsent ist. Eine Eingrenzung nimmt er lediglich in der Hinsicht vor, dass es eine Gruppe von Trieben gibt, deren Interessen nicht sexuell ausgerichtet sind. Sie werden von ihm als Ichtriebe bzw. Ichinteressen bezeichnet.[11]

Die letzte Phase der Entwicklung seiner Trieblehre geht auf die Unerklärlichkeit von Kriegsneurosen zurück, die durch einen fragwürdigen Wiederholungsdrang gekennzeichnet sind, der sich mit dem Luststreben seiner vorherigen Gruppierung nicht erläutern lässt. Die Erklärung der Wiederholung schrecklicher Erlebnisse machte es notwendig, über die libidinöse Art des Strebens hinauszugehen. Freud löste diese Problematik seiner Theorie mittels

---

[9] Vgl. ebd. S. 86f.
[10] Vgl. SCHÖPF, Alfred (1982): Sigmund Freud. München: Beck Verlag. S. 123.
[11] Vgl. SCHÖPF 1982. S. 124.

einer neuen Unterscheidung. Aus der Libido und dem ihr gegenüberstehenden Selbsterhaltungstrieb entwickelte der Philosoph den Lebenstrieb, den sogenannten Eros, und den gegensätzlichen Todes- bzw. Aggressionstrieb, die seine letztendliche Gruppierung der Triebe darstellen. Mit dieser Unterscheidung knüpft er an den antiken Vorstellungen an, da er der Liebe und dem Hass damit eine ähnliche Bedeutung zukommen lässt, wie sie Empedokles vermutete, der in ihnen die ursprünglichsten Prinzipien der Wirklichkeit sah.[12]

3. Der Zusammenhang zwischen dem Trieb und der Liebe

Mit dem Phänomen der Liebe beschäftigten sich im Verlauf der Geschichte zahlreiche Philosophen, wie Immanuel Kant oder Georg Wilhelm Friedrich Hegel. Nietzsche beispielsweise beschrieb die Aufwallungen des Verliebtseins als störend und sah den verliebten Menschen als durch die Leidenschaften beherrscht an, was einen ähnlichen Grundgedanken wie die Trieblehre Freuds aufgreift.[13] Es existieren die unterschiedlichsten Auffassungen, was unter Liebe zu verstehen ist und wo sie ihren Ursprung hat. Im Folgenden stellt sich die Frage, worin sich Liebe im Freud'schen Verständnis äußert und inwieweit sie auf die von ihm charakterisierten Triebe zurückzuführen ist. Sie wird von ihm „als die Relation des Ichs zu seinen Lustquellen"[14] verstanden. Die erste Beziehung dieser Art, die nach seinen Erläuterungen festzustellen war, ist die Eigenliebe, die mit einer Gleichgültigkeit gegenüber der Welt verbunden ist. Dieser Urzustand des Menschen, den Freud als Narzismus bezeichnet, wurde von Autoerotik bestimmt, da das Individuum dabei in der Lage war, die Triebe teilweise an sich selbst zu befriedigen, weswegen es der Außenwelt nicht bedurfte. Es erfolgte jedoch eine Weiterentwicklung dessen, indem die Objekte der Außenwelt vom Ich aufgrund des herrschenden Lustprinzips aufgenommen wurden, woraufhin sich das Verhältnis von Lust und Unlust änderte. Das Individuum erreichte damit den Status des Lust-Ich, das den Lustcharakter allem überordnet. Dass die Liebe nach der Theorie von Sigmund Freud maßgeblich durch die Triebe charakterisiert wird, äußert sich darin, dass ihr Ursprung in der Fähigkeit des Ichs liegen soll, seine Triebe teilweise allein durch die Gewinnung von Organlust und damit autoerotisch, also ohne jeden Partnerbezug, zu befriedigen. Später geht sie jedoch auf Objekte über, wodurch unter den Lustquellen primär das Streben nach eben jenen Objekten verstanden

---

[12] Vgl. ebd. S. 125 und FREUD 1992, S. 223f.
[13] Vgl. PAPROTNY, Thorsten (2006): Die philosophischen Verführer. Darmstadt: Wissenschaftliche Buchgesellschaft. S. 14ff.
[14] FREUD 1992, S. 96.

wird.[15] Demnach ist der Ablauf des Liebens eng in Verbindung mit dem Vorgang des Strebens der Sexualtriebe zu sehen.

Es bleibt die Frage offen, in welcher Verbindung die Liebe und die Sexualtriebe des Menschen zu sehen sind, beispielsweise ob sie gleichzusetzen sind. Freud gibt darauf keine eindeutige Antwort, da er einerseits äußert, dass unter dem Wort „lieben" die Lustbeziehung zwischen dem Ich und dem jeweiligen Objekt zu verstehen ist, andererseits jedoch davon spricht, dass die Bezeichnungen „Liebe" und „Hass" nicht auf die Relationen der Triebe zu den Objekten, sondern eher in Bezug auf das Gesamt-Ich und seine Verbindungen zur Außenwelt angewendet werden sollen.[16] Folglich lässt sich die Frage nach dem konkreten Verständnis von Liebe in Bezug auf die Triebe nicht eindeutig beantworten, da Freud nicht eindeutig festmacht, in welcher Beziehung die Liebe und die Triebe zueinander stehen. Zusammenfassend lässt sich sagen, dass speziell den Sexualtrieben in der Liebe eine große Rolle zukommt, da zum Beispiel das Wort „lieben" seine häufigste Verwendung in eben dieser Relation findet.

4. Triebe - Freiheit oder Determinismus?

4.1 Triebe in der Abhängigkeit

Freuds Triebbegriff wurde von ihm nachfolgenden Forschern als sehr komplex angesehen, da er ohne andere Aspekte wie Bewusstsein, Lust und Erkenntnis nicht gedacht werden kann und er das menschliche Seelenleben erstmals aus der Perspektive der Biologie betrachtet.[17] In der Komplexität des Begriffes spiegelt sich ein Aspekt wider, der von Freud in gewisser Weise außer Acht gelassen wurde. Ein Trieb ist nicht notwendigerweise mit jedem anderen gleichzusetzen, denn die ihn begründenden Affekte Lust und Unlust stellen komplizierte Reaktionen des Individuums dar, die von Abhängigkeiten geprägt sind. Sie unterliegen nicht nur genetischen Bestimmungen, sondern auch dem wandelnden Zustand der psychischen Strukturen: dem Ich, dem Über-Ich und dem Es. Sie liegen in unterschiedlichen Beziehungen zu der jeweiligen Umwelt verschiedenartig vor.[18] Dies beinhaltet einen erheblichen Einfluss darauf, wie sich die Triebe nach Freud konkret gestalten und hat die Frage zur Folge, ob dieser Einfluss als Determination verstanden werden kann.

---

[15] Vgl. FREUD 1992, S. 96-99.
[16] Vgl. ebd. S. 98.
[17] Vgl. SIGUSCH, Volkmar (1984): Vom Trieb und von der Liebe. Frankfurt am Main [u.a.]: Campus-Verlag. S. 28f.
[18] Vgl. SCHUR, Max (1973): Sigmund Freud. Frankfurt am Main: Suhrkamp. S. 381.

Bereits seit mehreren Jahrzehnten werden die verschiedenen Formen der Liebe, wie Homosexualität und Bisexualität, untersucht, jedoch ist bis heute keine Ursache für die unterschiedlichen Ausprägungen von Liebe gefunden wurden. Einige Wissenschaftler sehen den Ursprung in der Genetik und begründen die Homosexualität rein biologisch, während andere gegensätzlich dazu soziale wie kulturelle Faktoren als Begründung heranziehen. Aus dieser Debatte hat sich ergeben, dass zwischen dem biologischen und dem sozialen Geschlecht unterschieden wird, wobei ersteres sich an dem Geschlecht und den damit verbundenen Merkmalen des Individuums orientiert, während letzteres die sexuelle Orientierung beinhaltet. Die Frage nach dem Ursprung der Liebe und damit der Ausrichtung der Triebe lässt sich umfangreich diskutieren, denn auf der einen Seite kann die sexuelle Orientierung nur bedingt als Prozess und damit als von äußeren Faktoren abhängig angesehen werden, da bereits eine sehr zeitige Festlegung festzustellen ist. Gemeint ist hierbei das bereits zeitig aufkommende Gefühl der Verwirrung bzw. des Unwohlseins, wenn sich an der „typischen" Beziehung zwischen Mann und Frau versucht wird, denn damit wird aufgezeigt, dass die Orientierung sich nicht heterosexuell ausrichtet. Jedoch ist zu diskutieren, ob diese bereits zur Geburt und damit genetisch festgelegt ist oder ob es sich dabei um ein Produkt frühkindlicher Prägungen handelt. Der Vergleich zum Tierreich zeigt auf, dass bei Tieren die meisten Lustempfindungen im Bereich der Sexualität dem Gattungsdienst untergeordnet sind, während sich beim Menschen eine gewisse Freiheit von biologischen Zwängen beobachten lässt, die beispielsweise die Position der genetischen Begründung untergräbt.[19] Unabhängig von dem Ergebnis dieser derzeit offenen Frage zeigt sich, dass Lust und Unlust als grundlegende Faktoren der Triebe von verschiedenen Lustquellen hervorgerufen werden, die keineswegs zufällig bestimmt sind. Ob genetisch oder sozial und kulturell determiniert - der Behauptung, dass das Lust oder Unlust hervorrufende Objekt von außen bestimmt wird, ist im Hinblick auf die genannten Aspekte zuzustimmen.

4.2 Der Zwang innerhalb des Triebes

Nach dem Konzept von Sigmund Freud ist dem Trieb etwas Zwanghaftes zuzugestehen. Er hat in seinen klinischen Untersuchungen und den Betrachtungen der Kindheit im Allgemeinen den sogenannten Wiederholungszwang ausgemacht, den Freud als besonders „triebhaft"

---

[19] Vgl. HOLZ, Harald (1995): Philosophie der Liebe. Emanzipatorische Gedanken über eine mögliche Existenzvollkommenheit des Menschen. Bern [u.a.]: Lang Verlag. S.124.

und „dämonisch" kennzeichnet. Dieser Zwang bezieht sich nicht nur auf lustvolle Erlebnisse, sondern auch auf jene, die mit Unlust verbunden sind und damit vom Menschen eigentlich vermieden werden sollten. Der Trieb und der Zwang sind dabei in dem Zusammenhang zu sehen, dass der Trieb von Freud als „innewohnender Drang zur Wiederherstellung eines früheren Zustandes"[20] verstanden wird, wobei die Wiederholung an sich eine Lustquelle darstellt und der Zwang damit auch mit dem Lustprinzip der Triebe konform ist.[21]

Es stellt sich nun die Frage, inwieweit der Zwang innerhalb der Triebe die Freiwilligkeit des Menschen bei der Bewältigung dessen einschränkt. Neben Sigmund Freud äußern auch andere Wissenschaftler, dass die verschiedensten Instanzen im menschlichen Körper einen Drang zur Befriedigung diverser ungesättigter Bedürfnisse besitzen. Beispielsweise wird dem Herzen, dem metaphorischen Sitz der Gefühle, der Hunger nach seelischer Sättigung nachgesagt, der sich auf unbefriedigte Gefühle bezieht.[22] Unabhängig ob Freud oder Barthel - die Liebe wird durch ein Drängen charakterisiert. Dies bezieht sich darauf, dem geliebten Objekt nahe sein zu wollen, seelisch wie auch körperlich. Diese Charakteristik der Liebe erscheint durchaus schlüssig, da die Liebe einem Sehnen zu etwas gleichkommt, das dem inneren Bedürfnis unterliegt, eine Bewegung zum geliebten Objekt zu vollziehen. Unklar ist an dieser Stelle, wie stark das Zwanghafte der Liebe ausgeprägt ist und ob es möglich ist, sich dem zu widersetzen. Aus Freuds vorangegangener Definition des Triebes geht zweifellos hervor, dass er ihm einen unumstrittenen Drang in Ausmaßen eines Zwanges zuspricht. Demnach ist anzunehmen, dass die von dem Philosophen differenzierten Triebe alle diese Art von Zwang aufweisen, die er im Rahmen der Untersuchungen von Wiederholungen festgestellt hat. Daraus ist zu schlussfolgern, dass für die Sexualtriebe bzw. allgemein für die Trieben in Folge von Lustquellen die gleiche Charakteristik gilt. Der Mensch unterliegt demnach einem gewissen Zwang in seinem Denken und Handeln in der Liebe.

Wenn beispielsweise ein Individuum verliebt ist, äußert sich dieser Zwang darin, dass der Kontakt und die Nähe zu der jeweiligen Person gesucht wird. Das bezieht sich nicht nur auf die Räumlichkeit, sondern auch die Gedanken werden von dem Unterbewusstsein oft zu der betreffenden Person gelenkt. Demnach lässt sich ein Drängen, geradezu ein Zwang, im Prozess des Liebens beobachten. Wie stark dieser das Individuum jedoch determiniert, ist maßgeblich von dessen Persönlichkeit abhängig und kann nicht pauschal quantifiziert werden.

---

[20] Vgl. FREUD 1992, S. 221.
[21] Vgl. ebd. S. 220f.
[22] Vgl. BARTHEL, Ernst (1926): Philosophie des Eros. München: Reinhardt. S. 73.

Zum Beispiel gibt es Menschen, die aufgrund ihrer schüchternen Charakterzüge keineswegs dazu angehalten werden, der geliebten Person körperlich nahe zu sein, da es sie stark verunsichert und ängstigt. Andererseits gibt es Liebende, die sich vermehrt rational damit auseinandersetzen und einen ausgeprägten Willen besitzen, der Person körperlich wie gedanklich nicht nahezukommen, weil sie der Ansicht sind, dass der oder die Geliebte keine gute Wahl darstellt. Andere erscheinen jedoch gänzlich vom Trieb geleitet, wenn destruktive Liebesbeziehungen in die Betrachtung einbezogen werden. Der Liebende unterliegt dabei gänzlich dem Zwang, seinem Trieb nachzukommen, obwohl die Befriedigung des Triebes mit Schädigungen einher geht. Dem Wunsch bzw. Drang nach Nähe wird nachgekommen, sodass die Beziehung zunehmend intensiviert wird und eine Rückkopplung zum Trieb stattfindet, der ebenso eine Verstärkung erfährt, wodurch sich der Zwang letzten Endes ausprägt.

Insgesamt stellt sich heraus, dass die menschliche Psyche sehr komplex ist. Sie gibt dem Individuum Handlungsempfehlungen vor, die bei jedem Individuum aufgrund verschiedenster Ausgangssituationen unterschiedlich sein können. Wissenschaftlern zufolge existiert innerhalb des menschlichen Seelenlebens die Neigung, Zwänge zu verinnerlichen.[23] Wie stark der Trieb letzten Endes mit Determination durch einen Zwang einhergeht, hängt von der Persönlichkeit des Betreffenden und damit von der Fähigkeit der anderen psychischen Instanzen neben dem Es ab, die Triebe abzuschwächen oder deren Zwang zu verhindern.

4.3 Die Veränderlichkeit der Triebe

Der Trieb wird von Freud hauptsächlich als innerer Reiz definiert, dessen besondere Charakteristik darin liegt, dass sich ihm nicht entzogen werden kann. Es stellt sich in Folge dieser Definition der Diskussionspunkt heraus, wie der innere Reiz zustande kommt und ob er mit seinem Zustandekommen festgelegt ist. Besonders die Erlebnisse und die allgemeinen, äußeren Umstände im Leben des Kindes sorgen für eine signifikante Prägung der Triebe bzw. der Quellen für Lust und Unlust. Lust wird im Allgemeinen als Erlebnis definiert, dessen Wesen seitens des erlebenden Subjekts eine spontane Zustimmung zur Folge hat. Dabei ist es be-

---

[23] Vgl. NEUMANN, Walter G. (1989): Der Tod der Liebe, des Lebens und des Glücks. Freuds Religions- und Kulturkritik heute. Frankfurt am Main: Haag u. Herchen. S. 19.

deutsam, dass der Bereich der Lustempfindungen weit reicht und nicht lediglich auf das Sexuelle bezogen wird.[24] In der Kindheit können aufgrund des aktiven Prozesses der Persönlichkeitsentwicklung noch zahlreiche Veränderungen erfolgen, die teilweise leicht hervorzurufen sind. Doch sind die Triebe ebenso variabel im Leben von Erwachsenen?

Der Trieb ist nach Freud ein innerer Reiz, d.h. dessen Ursprung ist im eigenen Innern, sei es in den Organen oder im Seelenleben, verankert. Es erscheint jedoch fragwürdig, diesen Ursprung anzunehmen, wenn der Trieb nicht als gänzlich losgelöst von den äußeren Umständen betrachtet werden kann. Beispielhaft für diese Behauptung ist, dass eine maßgebliche Änderung des persönlichen Umfeldes eine Veränderung der Psyche zur Folge hat, wobei jene als Resultat des Lebens anzusehen ist und nicht unbedingt auf freiwilliger Basis erfolgen muss. Ein Beispiel dafür ist eine berufliche Versetzung, die im Beamtentum nicht zwingend freiwillig erfolgt. Der Betreffende könnte vom städtischen Umfeld in eine ländliche Region versetzt werden, deren äußere Umstände in vielen Aspekten wie der Mobilität, Aktivität, etc. stark voneinander abweichen können. Folglich würden sich auch die Psyche und damit die Persönlichkeit und die ihr innewohnenden Triebe ändern, da beispielsweise ihre Befriedigung in dem Maße nicht mehr erfüllbar ist. Demnach würde diese Änderung einen maßgeblichen Anlass zur Veränderung des Reizes darstellen, woraus geschlussfolgert werden kann, dass sie dem Charakter eines Ursprungs recht nahe kommt, der somit von außen begründet wäre. Eine mögliche Wechselwirkung zwischen der Außenwelt und den Trieben wurde von Freud kaum betrachtet bzw. angenommen, weswegen sich die Frage stellt, inwieweit die Triebe feststehen und demnach den Verlauf des Lebens determinieren. Bezogen auf die Liebe bedarf es der Diskussion, inwieweit sie und die damit einhergehenden Triebe dem Einfluss der Außenwelt unterliegen. Nach Freud besteht die Beschaffenheit des Triebes im inneren Reiz. Ein auftretender Reiz ist eine punktuelle Erscheinung, die jedoch mehrmals auftreten kann und damit weniger als Prozess bzw. Entwicklung verstanden werden kann. Dadurch bestünde die offene Frage, ob Liebe über die Zeit erzeugbar bzw. wandelbar ist, wenn die Grundvoraussetzungen, die im allgemeinen Sprachgebrauch als „Chemie" zwischen Personen bezeichnet wird, gegeben sind. Doch der Trieb als Reiz und somit als punktuelle Erscheinung zieht die Schlussfolgerung nach sich, dass Liebe auf den ersten Blick angenommen werden muss. Darauf aufbauend stellt sich die Frage, wie im Fall der unerreichbaren Liebe verfahren wird. Nach Freuds Theorie besteht demnach nur eine geringfügige Möglichkeit, dem Unglück dieser Situation

---

[24] Vgl. HOLZ 1995, S. 125.

zu entgehen. Sich dem Trieb zu widersetzen, also der unerreichbaren Liebe möglichst nicht nachzukommen, stellt sich hierbei als unmöglich heraus, da dem Trieb nach Freud nicht entgangen werden kann. Zusammenfassend lässt sich hinsichtlich dieses Aspekts festhalten, dass Triebe aufgrund ihrer Abhängigkeit von den äußeren Umständen prinzipiell als veränderlich bezeichnet werden können. Dennoch lässt sich das bei der Betrachtung der Liebe nicht anwenden, da das Dasein des Triebes als innerer Reiz und damit punktuelle Erscheinung eine Veränderlichkeit nicht gewährleistet. Daraus folgt eine gewisse Determination, da bei den mit der Liebe verknüpften Sexualtrieben keine freiwillige Veränderung erfolgen kann.

5. Fazit

Zusammenfassend lässt sich sagen, dass das Wirken von Sigmund Freud vor allem im Bereich der klinischen Psychologie lag, die er maßgeblich mitbegründete. Seine Theorien wurden dagegen schon während seiner Schaffenszeit scharf kritisiert und bis heute wird ihnen vielfach Ablehnung entgegen gebracht. Dennoch hat der österreichische Philosoph mit seiner Trieblehre, die auf der Existenz seines Instanzenmodells des Ich, Über-Ich und Es gründet, einen erheblichen Beitrag zur Philosophie geleistet. Das Phänomen der Liebe und damit auch das Seelenleben des Menschen wurde aus einer biologischen Perspektive heraus betrachtet, wobei der Fokus erstmals verstärkt auf dem Triebhaften dieser Leidenschaft lag.

In diesem Triebcharakter, den Freud der Liebe mit seiner Theorie zuspricht, liegt nach der Untersuchung seines Konzept und der Betrachtung verschiedener Argumente die Annahme begründet, dass sich ein gewisser Grad an Determination feststellen lässt. Einerseits unterliegen die Triebe einer äußeren Abhängigkeit, was eine Bestimmung des inneren Reizes durch die Außenwelt mit sich bringt und diese Annahme bestärkt. Des Weiteren wird sie durch den zwanghaften Charakter unterstützt, da ein Zwang per Definition beinhaltet, dass sich der Befriedigung nicht entzogen werden kann. Außerdem ist im Fall der Liebe eine Veränderung des Triebes als innerer Reiz kaum bis gar nicht möglich, wodurch das Individuum hier ebenfalls einer Determination unterliegt. Insgesamt ist demnach die Fragestellung zu bejahen. Als offene Frage bleibt die Rolle des eigenen Willens im Handeln und Streben der Triebe bestehen, die als Kritik- bzw. Diskussionspunkt im weiteren Verlauf der behandelten Fragestellung angeführt werden kann. Dies würde eine präzise Untersuchung des Gesamtkonzepts von Sigmund Freud, besonders im Hinblick auf die Instanzen Es, Ich und Über-Ich, erfordern. Insgesamt zeigt sich auch an dieser Stelle, dass Freud ein sehr umfangreiches geistiges Erbe hinterlassen hat, das auch in der heutigen Zeit zahlreiche diskussionswürdige Ansätze aufzeigt, die mit aktuellen Forschungen und Perspektiven neue Blickwinkel ermöglichen.

6. Quellen- und Literaturverzeichnis

Quellen

APELT, Otto (Hrsg.); Platon (1993): Sämtliche Dialoge. Bd. 3. Hamburg: Meiner Verlag.

FREUD, Sigmund (1992): Das Ich und das Es. Metapsychologische Schriften. Frankfurt am Main: Fischer-Taschenbuch-Verlag.

FREUD, Anna; BIBRING, Ernst; KRIS, Erik; ISAKOWER, Otto (Hrsg.) (2001): Sigmund Freud. Gesammelte Werke in achtzehn Bänden. Bd. 15. Frankfurt am Main: Fischer Taschenbuch Verlag.

Literatur

BARTHEL, Ernst (1926): Philosophie des Eros. München: Reinhardt.

HOLZ, Harald (1995): Philosophie der Liebe. Emanzipatorische Gedanken über eine mögliche Existenzvollkommenheit des Menschen. Bern [u.a.]: Lang Verlag.

LOHMANN, Hans Martin (1991): Freud zur Einführung. Hamburg: Junius-Verlag.

NEUMANN, Walter G. (1989): Der Tod der Liebe, des Lebens und des Glücks. Freuds Religions- und Kulturkritik heute. Frankfurt am Main: Haag u. Herchen.

PAPROTNY, Thorsten (2006): Die philosophischen Verführer. Darmstadt: Wissenschaftliche Buchgesellschaft.

PLEGER, Wolfgang H. (2013): Handbuch der Anthropologie. Die wichtigsten Konzepte von Homer bis Sartre. Darmstadt: Wissenschaftliche Buchgesellschaft.

SCHÖPF, Alfred (1982): Sigmund Freud. München: Beck Verlag.

SCHUR, Max (1973): Sigmund Freud. Leben und Sterben. Frankfurt am Main: Suhrkamp.

SIGUSCH, Volkmar (1984): Vom Trieb und von der Liebe. Frankfurt am Main [u.a.]: Campus-Verlag.